NOTICE

HISTORIQUE ET DESCRIPTIVE

SUR

COEUVRES ET VALSERY.

Laon. Éd Fleury, imprimeur.

NOTICE
HISTORIQUE ET DESCRIPTIVE
SUR

CŒUVRES

ET

VALSERY

SEIGNEURS ET CHATEAU DE CŒUVRES,
ÉGLISE, ABBAYE DE VALSERY,

ACCOMPAGNÉE DE PLUSIEURS DESSINS

Par l'Abbé **POQUET**,

Chanoine honoraire de Soissons, Correspondant des Comités historiques,
des Académies de Reims et de Beauvais,
Secrétaire de la Société archéologique de Soissons,
Inspecteur des Monuments du département de l'Aisne.

Les Monuments sont de véritables
manuscrits pour la France.

PARIS.

Librairie de VICTOR DIDRON, rue St-Dominique-St-Germain, 23.
PARMANTIER, rue Fontaine-Molière, 41.

1856

CŒUVRES.

L'histoire, dont la haute mission consiste à enregistrer les faits contemporains, au profit des générations à venir, n'a pas toujours traité chaque localité selon son importance réelle ; elle n'a pas toujours laissé non plus après elle un silence désespérant, mais souvent des lacunes extrêmement regrettables. C'est ce que nous avons à déplorer ici, bien que le bourg de Cœuvres, d'autres disent *la ville*, ait été gratifié tour-à-tour du titre de vicomté, de marquisat et de duché-pairie. Si n'était l'illustre et puissante famille d'Estrées, à laquelle appartient le nom si populaire de la trop fameuse Gabrielle, nous aurions assurément bien peu de renseignements à donner sur cette ancienne bourgade.

Cœuvres (1), qu'on écrivait anciennement Cœuves,

(1) Cœuvres nous paraît venir de *Cauda*, Queue, Queuves, d'où est venu Cœuves, et enfin Cœuvres, comme on l'écrit aujourd'hui. Sa position, à l'une des queues ou extrémités de la forêt de Retz, lui a très-probablement valu cette dénomination. On peut en dire autant de Saint-Pierre-Aigle : c'est Aile qu'il faut dire. Les anciens titres ont mis *Hela*, Pierre-Ail, *Aile*, d'où on a fait *Aquila*, prenant la partie pour le tout. Villers-Cotterêts, *Villare ad Collum Resti*. On voit que cette espèce de personnification animale de la grande et célèbre forêt avait donné lieu à diverses appellations pour quelques villages environnants qui nous paraissent aujourd'hui tant soit peu singulières.

Cova, offre une assez jolie position. Cette pointe avancée qui s'allonge du flanc de la colline occidentale pour donner une assiette commode aux habitations en face de la vallée, les deux petits cours d'eau qui se réunissent à ses pieds pour alimenter le ru de Retz, son voisinage si rapproché d'une grande et riche forêt, ont toujours dû en faire un séjour assez agréable.

SEIGNEURIE DE CŒUVRES.

On ne sait rien de positif touchant l'importance et les premiers possesseurs de la terre de Cœuvres. Dormay, t. 2, p. 241, insinue qu'elle appartenait, dès le IXe siècle, aux seigneurs de Moreuil. D'autres, comme Ansel., t. 2, p. 501, prétendent qu'elle était la propriété des comtes de Grantpré, d'où elle passa à Raoul de Nesles, comte de Soissons, par son mariage avec Adée de Grantpré, dame de Ham. « Il est probable, dit Carlier, t. 3, p. 72, que la terre de » Cœuvres a été, dans l'origine, une portion de patri- » moine de la forêt de Retz, que cette terre a passé des » comtes de Vexin et de Valois aux princes de la branche » royale de Vermandois, héritiers de Simon, comte de » Crépy, et que le donjon du château fut acquis à titre » d'avouerie, par un échange ou comme présent, par » Yves de Nesles, comte de Soissons, pendant que ce » seigneur tenait sous sa tutelle le jeune Raoul V, » comte de Crépy. » Ce qu'il y a de certain, c'est que la seigneurie de Cœuvres fut démembrée en 1232 ou en 1252, comme le disent Dormay et Damien de Templeux, en faveur du deuxième fils de Raoul de Nesles, comte de Soissons.

Cette vicomté, créée par le vieux Raoul, relevait de la tour des comtes de Soissons, tandis que la terre de Cœuvres dépendait de la chatellenie de Pierrefonds, ainsi que la ferme du Murget. Il est prouvé, en effet, par des actes et des édits du XVIe siècle, qu'il y avait à Cœuvres deux seigneuries : celle du château et celle du donjon (1). La vicomté commençait, d'un côté, à la porte Saint-Remy, passait par le Mont-Maquerel jusqu'à Chaudun et allait, en s'élargissant, joindre la vicomté de Buzancy, à la Croix de Fourches. De l'autre côté, elle s'avançait de la porte Saint-Christophe jusqu'aux environs de Vic-sur-Aisne, par le chemin de Compiègne, jusqu'à la Haie-l'Abbesse, par le chemin de Chelles. Pour prévenir toute querelle entre ses fils, à l'occasion de ce partage de sa succession, le comte de Soissons y ajouta plus tard le bois de Sec-Aunoy, des vignes hors des murs et divers droits sur la ville.

Raoul, le vicomte de Cœuvres, était un guerrier plein de courage. Enflammé au récit des malheurs d'Orient, il se croisa avec saint Louis en 1248 (2); et il faisait partie de l'hôtel du roi pendant le voyage de la Terre-Sainte. Le jeune vicomte emmenait avec lui quatorze

(1) Bergeron, folio 23, observe, avec beaucoup de raison, que le donjon de Cœuvres a fait partie autrefois d'un partage de ceux de la maison de Soissons, dont le Sieur est appelé vicomte. Ce partage, qui était un arrangement de famille, ajoute Carlier, n'a rien changé à l'ancienne constitution. Le lot de celui auquel on a donné le nom de vicomte de Cœuvres, à cause du donjon dont il était seigneur, ne comprenait qu'une partie du territoire. T. 3, p. 72.

(2) Muldrac, dans sa chronique de Longpont, rapporte une charte par laquelle Raoul de Cœuvres, devant partir pour Jérusalem, donna à Dieu et au monastère de Longpont, en pure et perpétuelle aumône, trois muids d'avoine à prendre chaque année sur ses revenus de Villers-Hélon. Mais c'est à tort que cette pièce est datée de 1239, à moins que Raoul de Cœuvres n'ait fait un premier voyage avant la croisade de 1248. *Or, ce premier voyage*, que rien ne prouve d'ailleurs, *concorderait assez bien avec la tradition qui lui fait épouser, en premières noces, la reine de Chypre.* Melchior Régn., 123. Carlier, 73. *Mais cette hypothèse absurde est combattue par les raisons les plus fortes.* Hist. de Soiss. Henry Mart., t. 2, p. 140.

chevaliers qu'il s'engageait à défrayer, moyennant une somme de quatre mille livres tournois que lui paierait son seigneur. Raoul fut fait prisonnier à la funeste bataille de la Massoure et partagea la captivité du roi qui l'avait pris en amitié. Il ne repassa en France qu'en 1254 (1). Raoul se croisa une seconde fois, en 1267, avec saint Louis; et il vendit, en 1269, aux abbayes de Saint-Jean-des-Vignes et de Notre-Dame de Soissons, le bois de Sec-Aunoy, d'une étendue de 360 arpents, avec tous les droits, pour une somme de 4,000 livres tournois. Mais ce brave chevalier mourut l'année suivante, à Carthage, de la dyssenterie.

Les historiens ne sont pas d'accord au sujet de Raoul : les uns supposent qu'il épousa en premières noces la reine de Chypre, qui mourut sans enfants; les autres disent qu'il fut marié, à son retour de la Croisade, à la comtesse fille de Jean d'Hangest, dont il eut une fille unique, Iolande de Soissons, qui, par son mariage avec Bernard, devint la tige maternelle des Soissons-Moreuil. Cette riche union n'aurait pas empêché Raoul de vendre pièce à pièce ses biens et ses revenus pour subvenir aux dettes qu'il avait contractées dans la guerre sainte. Il paraîtrait cependant qu'il n'avait pas tout aliéné, puisque son neveu, le fils aîné du comte de Soissons, hérita une partie des biens de son oncle le vicomte.

Toutefois, la vicomté de Cœuvres ne rentra pas entièrement dans les apanages du comte de Soissons. Elle passa avec Iolande, fille unique de Raoul, dans la famille de Moreuil, par son union avec Bernard V. De ce mariage sont issus plusieurs enfants; entre autres, Bernard VI, son second fils, seigneur de Moreuil et de Cœuvres, maréchal de France, marié à Mahaut de Nesles, dame d'Offemont, dont il eut Rogues, seigneur de Moreuil et

(1) Henry Martin, t. 2, p. 140.

de Mont-Notre-Dame. Ce dernier quitta, du consentement de Marguerite de Soissons qui n'avait pas d'enfant mâle, le surnom de Moreuil pour prendre celui de Soissons. Thibaud, fils de Rogues, chambellan du roi, capitaine et gouverneur de Soissons, mourut en 1434, laissant plusieurs enfants: Raoul de Soissons, né d'un premier mariage, et, de son second mariage avec Jeanne d'Hangest, une fille unique, Marguerite de Soissons, dame de Cœuvres, Arcy et Montigny, mariée à Jean de Villers, seigneur de Dommiers, avec lequel elle vendit à Jean d'Estrées, seigneur de Valieu, la vicomté de Cœuvres qu'elle lui avait apportée en dot (1).

Le domaine de Cœuvres passa donc, au commencement du XVIe siècle, dans l'ancienne maison d'Estrées, originaire de Picardie et féconde en grands hommes. Cette noble et puissante famille reconnaissait comme chefs : Pierre d'Estrées, dit *Carbonel*, seigneur de Boulant, Hamel, Istres, qui avait eu pour fils Antoine Ier d'Estrées, seigneur de Boulant et Valieu, qui épousa, en 1447, Jeanne d'Aiz ; Antoine d'Estrées, dit *le Jeune*, son fils puîné, marié à Jeanne, dame de la Cauchée, est regardé comme la branche des seigneurs de Cœuvres, à cause de Jean, son fils, qui fit l'acquisition de cette vicomté. Jean d'Estrées fut, sans contredit, un des seigneurs les plus considérables de cette époque. Il avait été élevé parmi les pages de la reine Anne de Bretagne. Il avait rendu les services les plus importants sous François Ier et acquis la réputation d'un habile capitaine. Le roi

(1) Carlier, p. 73, dresse une généalogie bien plus fournie. Il dit que Bernard II fut le père de Gervais de Moreuil qui épousa Jeanne de Varennes. Gervais aurait eu deux fils : Rogues et Bouchard de Soissons. Rogues fut seigneur de Cœuvres en 1390. Son fils Thibaud, seigneur d'Arcy, aurait eu pour fils Raoul, seigneur de Cœuvres, marié à Jeanne d'Hangest. Deux filles sortirent de cette alliance : Marguerite et Jacqueline, mortes toutes deux au château de Cœuvres.

Henri II lui donna, par lettres-patentes (1550), la charge de maître et capitaine d'artillerie. Il concourut à la prise de Calais en 1558, et mourut fort âgé en 1571. Voici ce que Brantome dit de lui :

« Monsieur d'Estrées a été l'un des dignes hommes » de son Etat, depuis qu'il ait été possible jamais, sans » faire tort aux autres, et le plus assuré dans ses tran- » chées et batteries ; car il y allait la tête levée, comme » si c'eut été dans les champs à la chasse ; et la plupart » du tems il y allait à cheval monté sur une grande » haquenée alezande, qui avait plus de vingt ans, et qui » était aussi assurée que le maître. Car pour les canon- » nades et arquebusades qui se tirassent dans la tranchée, » ni l'un ni l'autre ne baissaient jamais la tête, et s'il se » montroit par-dessus la tranchée la moitié du corps, » car il étoit grand et elle aussi. C'était l'homme du » monde qui connoissoit le mieux les endroits pour faire » une batterie de place, et qui l'ordonnoit le mieux ; » aussi étoit-ce un des confidents que Monsieur de Guise » souhaitait auprès de lui pour faire conquête et prendre » villes comme il fit à Calais. Çà été lui qui le premier « nous a donné ces belles fontes d'artillerie, dont nous » nous servons aujourd'hui, et même de nos canons, » qui ne craindront de tirer cent coups l'un après » l'autre, par manière de dire, sans rompre, ni sans » éclater, ni casser, comme il en donna la preuve d'un » au roi, quand le premier essai s'en fit ; mais on ne » les veut pas gourmander tous de cette façon ; car on » en ménage la bonté le plus qu'on peut. Avant cette » fonte nos canons n'étaient du tout si bons, mais cent » fois plus fragiles, et sujets à être souvent rafraîchis » de vinaigre, où il y avait plus de peine, et qui les » débouchait de la batterie. Celle qui fut faite devant » Ivoi ne donna pas tant de peine, comme j'ai ouï dire à » M. de Guise que ce fut la plus belle et la plus prompte

» batterie qu'il avoit vu ni ouï dire; et on louait fort » M. d'Estrées, qu'il avoit ordinairement son fait et son » attirail si leste quand il marchoit, que jamais rien ne » manquoit, tant il était provident et bien expert en sa » charge. Surtout il avoit de très bons canoniers et bien » justes; et luy même les y dressoit et leur montroit; et » il avoit aussi de très bons commissaires, dont entre » autres ont été Bassompierre qui étoit dans Sienne étant » assiégée, et La Foucaudie petit homme, mais qui » étoit tout spirituel, l'un des bons catholiques s'il en fut » oncques, et l'autre huguenot; et pour ce Monsieur » l'amiral l'aimoit fort, s'en trouva bien en ses guerres. » Tant d'autres bons a t'il eu que je ne nommerai point » et la plupart huguenots, qui avoient imité leur général » mondit sieur d'Estrées, qui l'étoit fort, si ne laissa-t'il » pas de bien servir son roi au siège de Rouen et aux » premières guerres que je vis. C'était un fort grand » homme, beau et vénérable vieillard, avec une barbe » qui lui descendait très bas, et sentoit bien son vieux » aventurier de guerre du temps passé, dont il avoit » fait profession où il avait appris d'être un peu cruel. » Feu mon père et lui avoient tous deux été nourris pages » de la reine Anne et tous deux alloient sur les mulets » de sa litière; lesquels à ce que j'ai ouï dire à mon père, » elle a bien fait fouetter, quand ils faisoient aller les » mulets d'autre façon qu'elle ne vouloit, ou qu'ils » eussent bronchi le moins du monde. Mon père alloit » sur le premier, et monsieur d'Estrées sur le second, » et puis tous les deux sortants de page furent envoyés » delà les monts à la guerre. »

Ces détails si curieux de Brantôme, en nous révélant des faits particuliers de la vie du grand maître d'artillerie, nous apprennent aussi son abjuration et la faveur qu'il accordait au protestantisme. On dit qu'il fut le premier gentilhomme picard qui fit profession publique de la nouvelle religion. L'incendie de Valsery nous fournira bientôt les preuves non suspectes de son zèle et de sa nouvelle foi religieuse. Nous en trouverions, au besoin, d'autres indices dans les prédications que plusieurs ministres entachés de la nouvelle religion et les controverses hardies que les ministres Vasoris et Tristan ne craignirent pas de soulever à Cœuvres et dans les environs.

Jean d'Estrées avait épousé Catherine de Bourbon, fille aînée de Jacques de Bourbon, bâtard de Vendôme, et de Jeanne de Rubempré, en reconnaissance de ce qu'en une rencontre il avait sauvé la vie au sieur duc de Vendôme Il eut de cette union plusieurs enfants : entre autres Antoine d'Estrées qui obtint, en 1585, du roi Henri III, des lettres-patentes portant érection de sa terre de Cœuvres en titre de marquisat. Déjà revêtu des dignités de gouverneur, sénéchal et premier baron de Bolonois, vicomte de Soissons, chevalier des ordres du Roi, gouverneur de La Fère, de Paris et de l'Ile-de-France, il fut pourvu, au camp de Pas-en-Artois, l'an 1597, de la charge de grand maître de l'artillerie de France, que son père avait possédée. « *Etant mort François* » d'Espinas, dit Brantôme, M. d'Estrées a succédé à sa » place comme le méritant bien, et comme l'ayant bien » appris de son brave père. Ainsi, qu'il tarde, le droit et » la vérité rencontrent leur tour ; car on lui avoit fait » tort qu'il n'eut cette charge après la mort de son » père Enfin, le droit et la vérité ont vaincu là pour lui. »

Antoine épousa, en 1559, Françoise Babou, fille du seigneur de la Bourdoisière, maître d'artillerie, dont il eut François Louis, tué au siége de Laon en 1594, François Annibal, Diane, Marguerite, Angélique, abbesse de Maubuisson, Gabrielle, Julienne - Hyppolite et Françoise.

La plus célèbre de ces huit enfants c'est, sans contredit, Gabrielle d'Estrées, mariée à Nicolas d'Amerval, seigneur de Liancourt, gouverneur de Chauny, dont elle fut séparée. Cette femme avait reçu de la nature tous les dons qui peuvent enchaîner les cœurs. Henri IV, qui la vit pour la première fois sur la fin de 1590, au château de Cœuvres où elle demeurait avec son père, fut si touché de sa figure séduisante et des agréments de son esprit, qu'il résolut de se l'attacher. De ses relations criminelles avec ce prince, qui la fit marquise de Monceau, puis duchesse de Beaufort, elle eut César, duc de Vendôme, Alexandre, dit le chevalier de Vendôme, et Henriette, qui épousa le duc d'Elbœuf. La mort funeste de Gabrielle, qu'on prétendit avoir été empoisonnée par le riche financier Zamet, arrivée en 1599, mit un terme à cette liaison scandaleuse et deshonorante pour tous deux. L'histoire flétrira un jour plus énergiquement ces turpitudes qu'on s'est plu à qualifier jusqu'ici de faiblesses pardonnables. Quant à Gabrielle, elle mourut, dit-on, dans des convulsions épouvantables. « La tête de cette » femme, une des plus belles de son siècle, était toute » tournée le lendemain de sa mort, et le visage si défiguré » qu'elle n'était plus reconnoissable. Spectacle bien pro» pre, ajoute un auteur, à guérir des passions insensées, » si l'homme qui en a une fois subi le joug, pouvait être » ramené par de telles leçons à une raison qui n'existe » plus chez lui, et dont il travaille à éteindre ce qui lui » reste peut-être encore de son importune lumière. »

Il existait, dans une des salles du château de Cœuvres, une statue en marbre blanc, représentant Gabrielle d'Estrées étendue sur un lit de repos et dans le costume du temps. Nous ignorons quelle circonstance de sa vie elle rappelle ; mais, dans tous les cas, on n'y reconnaît pas cette gracieuse figure dont parle Feller. Cette statue est aujourd'hui dans une des salles de la mairie de Laon, où elle a été transportée récemment.

François Annibal, marquis de Cœuvres et frère de la

duchesse de Beaufort, avait d'abord été destiné à l'église en sa jeunesse, et investi, par Henri IV, de l'évêché de Noyon. Mais, après la mort de son frère aîné, tué au siége de Laon, il renonça à sa première vocation pour prendre le parti des armes. Après s'être signalé en diverses occasions, on l'employa successivement en maintes affaires importantes et difficiles, d'où il sut se tirer avec une égale habileté et un rare bonheur. Diplomate et guerrier, *il soutint dans toutes les circonstances, avec beaucoup d'honneur et de prudence, la gloire et les intérêts de la couronne* (1). C'était même, d'après le Père le Moine, un écrivain d'une certaine valeur, et dont il parle en ces termes :

« M. le cardinal de Richelieu, qui songeoit à tracer » un plan pour l'histoire de son tems, le pria de lui » donner un sommaire des choses qui s'étoient passées » pendant la régence de la mère du feu roi, et le choisit » entre tous ceux de ce tems là, parce qu'il le crut le » mieux informé, et le plus capable et comme le plus » fidèle et le plus sincère. Il fut obéi ; et ce sommaire » composé en cinq ou six jours, avec plus de facilité » que d'étude, ne laissa pas de lui plaire.... Il ajoute » ensuite : Il y a dans le cabinet de ce grand homme beau- » coup d'autres pièces qui ne seroient pas moins utiles, » s'il avoit autant d'égard à l'utilité publique qu'à sa » modestie particulière : un seul volume de ses lettres » pourroit être une grande et perpétuelle école, pour » tous ceux qui ont à étudier les négociations et les » ambassades ; mais je crains fort que ce ne soit des » trésors, qui demeureront toujours dans l'obscurité.... » C'est de là qu'on a tiré deux autres relations qui sont » ajoutées à ces mémoires. L'une de la guerre de Mantoue

(1) Feller n'admet que la première partie de ce jugement. Il refuse au maréchal le don de la prudence ; il lui reproche les brusqueries et son humeur violente à l'égard du Pape Urbain VIII et de ses neveux.

» et des intrigues qui l'ont précédée ; l'autre est ce con- » clave fameux, où Grégoire XV fut élevé au pontificat. » La première explique les particularités de beaucoup de » choses, dont on n'avoit pas encore été complètement » instruit ; et ce qui importe le plus à l'honneur de la » nation, elle justifie clairement la France et ses ministres » du malheur de Mantoue. On pourra apprendre de la » seconde, de quel usage est à la cour de Rome un » homme de cœur et de tête ; et quel intérêt a le roi, que » tout homme qui sait ses affaires en ce pays là, ait de » la fermeté pour les soutenir avec force et de la capacité » pour les conduire avec adresse. »

On était redevable à ce seigneur de l'établissement des Feuillants de Soissons, fondé en 1629, de concert avec Marie de Béthune, son épouse. Dormay dit que le projet de cette création avait été dressé, quelques années auparavant, au château de Cœuvres. Le traité de fondation est, en effet, daté de cette résidence, deux ans avant l'installation des religieux. C'est en sa faveur que lè marquisat de Cœuvres fut érigé en duché-pairie (1648), les lettres-patentes furent enregistrées en 1663. Trente et-une paroisses ou grands-fiefs formaient l'arrondissement du nouveau duché. Le maréchal mourut en 1670, âgé de 102 ans. Son fils, François Annibal II du nom, fut gouverneur de l'Ile-de-France, de Soissons et de Laon, et ambassadeur à Rome, où il mourut en 1687, laissant François-Annibal d'Estrées III, pair de France, comte de Nanteuil, gouverneur général de l'Ile-de-France et Soissonnais, gouverneur particulier des villes de Laon, Noyon, Soissons, mort à 50 ans, en 1698. Louis-Armand d'Estrées succéda à toutes les dignités de son père, et mourut sans postérité en 1723. Mais bien avant sa mort, et dès 1703, il avait permis à son cousin, Victor-Marie d'Estrées, de prendre le nom de maréchal de Cœuvres, précaution inutile puisque ce titre héréditaire fut également éteint par la mort de Victor d'Estrées, décédé en 1737, sans enfant de son alliance avec Lucie-Félicité de Noailles. Ses biens passèrent dans la maison de Louvois, par sa sœur Marie-Catherine d'Estrées, veuve de Michel-François Leteiller, marquis de Courtanvaux, morte en 1741. La seigneurie de Cœuvres échut alors à la famille de Villeqhier d'Aumont qui la possédait à l'époque de la révolution de 89.

CHATEAU DE CŒUVRES.

Le château de Cœuvres a eu malheureusement le sort de la plupart des demeures féodales de la France. Il n'en reste plus aujourd'hui que des débris insignifiants et défigurés. A l'exception du pavillon sud-ouest, on reconnaîtrait à peine dans les constructions modernes, les trop rares fragments anciens qui ont été incorporés. Il paraît que la grande façade où se trouvait une salle de spectacle était située à l'est, et qu'il régnait au midi une magnifique terrasse qui s'étendait jusqu'au pavillon dont nous venons de parler. Il y a quelques années nous entrâmes dans une chambre qu'on nous dit être celle de Gabrielle; et où le trop galant roi de Navarre aurait rencontré un de ses compétiteurs. Est-ce dans le but de fixer un fait déjà trop connu, ou de faire accepter comme locale, et au profit du manoir, une aventure lubrique qui avait pu se passer ailleurs, qu'on avait rappelé ce souvenir? Il est permis de le croire.

En descendant quelques marches, en face de cette façade en partie ruinée, on pénètre dans un long couloir souterrain, sur lequel s'ouvrent de grandes arcades donnant accès dans de vastes salles voûtées, servant autrefois de cuisines, de pièces de décharge et de caveaux.

Le château n'était défendu que par une haute muraille et un large fossé projeté en avant, et sur lequel on avait jeté au nord un pont-levis qui se dressait au besoin contre la porte crénelée et surmontée d'un pavillon. On voit que par la nature de ces travaux on n'avait pas songé à bâtir une forteresse ; mais seulement à mettre le château à l'abri d'un coup de main, et à protéger la maison et la vie du seigneur.

LES MAGASINS DE LA RECETTE, GRENIERS A SEL.

Au nord du château et en dehors des fossés, on s'arrête involontairement devant un immense bâtiment construit avec beaucoup de solidité et une certaine recherche. Dans la partie inférieure, de longs créneaux, ou d'étroites ouvertures, éclairent les appartements, dont une partie est encore voûtée ; et, dans la partie supérieure, ce sont des fenêtres à croisées ornées de moulures. Les ouvertures des greniers sont décorées de pilastres cannelés, avec chapiteaux à volutes. Sur les frontons sont sculptées des pièces de canons lâchant leur bordée. Sur l'archivolte s'élève, de distance en distance, des petits vases surmontés de boulets. On voit, à ne pas s'y méprendre, que c'est la propriété d'un grand-maître de l'artillerie de France, puisque les emblèmes de ses fonctions et de ses titres sont disséminés partout avec profusion. Cela n'empêche pas le visiteur de se demander à quel usage ont dû servir ces vastes constructions? Il nous semble qu'il ne faut pas seulement voir dans ces bâtiments, aujourd'hui transformés en ferme rurale, les écuries, les communs d'un château ; mais bien les greniers du domaine où l'on emmagasinait le produit de la terre, le grenier à sel, le logement où habitait le receveur-général des belles fermes de la duché-pairie. Ce bâtiment qui a près de 66 mètres de longueur (96 pieds) se relie à un autre bâtiment de cent et quelques pieds. Cette dernière construction désignée sous le nom de grenier à sel comprend neuf travées soutenues par une colonne carrée surmontée d'un simple tailloir ; elle comportait une double voûte, les travées du bas n'étaient éclairées que par deux fenêtres cintrées, tandis qu'il y en avait trois dans le haut, mais un peu plus étroites.

A quelle époque précise faut-il rapporter cette grande construction ? Pour nous, elle serait contemporaine du château, et l'œuvre de Jean d'Estrées. C'est, sans aucun doute, à ce puissant seigneur qu'on doit la réédification du manoir seigneurial. En achetant la propriété des vicomtes de Cœuvres, il a dû trouver leur résidence en ruines ou dans des conditions inhabitables. Du reste, les châteaux-forts et leurs donjons menaçants avaient perdu tout leur prestige. Jean, grand-maître d'artillerie, habitué à voir les remparts les plus solides s'écrouler sous ses yeux, ne devait attacher aucune importance à la possession d'une forteresse dominée de tous côtés. Son intention, en prenant possession de la terre de Cœuvres, aura donc été d'y bâtir une demeure digne de sa haute position, plus conforme aux exigences du siècle, et par conséquent plus somptueuse. Au reste, nous avons été assez heureux pour voir se confirmer nos présomptions à cet égard. La bonne rencontre ou, comme on dirait en archéologie, *la bonne trouvaille* d'un fragment de pierre provenant de la démolition du château, et incrustée aujourd'hui comme moëllon dans le nouveau mur du potager, aurait fait cesser tous nos doutes. On peut encore lire sur cette inscription lapidaire incomplette :

CE. LOGIS. A. ESTÉ......L. AN MIL CINQ CENT... 1565.

Mais ce qui est plus concluant encore, c'est que sur la tour carrée qui sert de colombier dans la basse-cour, on trouve la date de 1559.

ÉGLISE DE CŒUVRES.

EXTÉRIEUR. — Après ce que nous avons dit des églises

de la vallée d'Amblegny, il nous restera bien peu de choses à ajouter ici. L'architecture que nous avons sous les yeux a un tel caractère de conformité avec celui que nous venons de décrire, que nous n'aurions qu'à nous répéter. C'est toujours le roman, l'ogive et le flamboyant, c'est-à-dire le XIIe., XIIIe, XVe et XVIe siècles. Cependant, une chose nous a plus particulièrement frappé ici : c'est la position même de l'édifice religieux, surtout celle du clocher absidal, placé sur la déclivité d'une pente rapide. La vue de cette tour élancée, de ces transepts groupés sous ses ailes, lui donnent un aspect tout à la fois curieux et imposant. Le clocher abrite, comme à Laversine, le sanctuaire; il peut se diviser en trois ordres : le premier, ou rez-de-chaussée, est percé de trois fenêtres romanes dont la médiane est plus large et plus élevée que les deux autres; le deuxième ordre est composé d'une arcade en retrait, soutenue par de simples pilastres, sans autre ornement qu'un tailloir en biseau; au troisième ordre, l'ornementation s'enrichit : les deux fenêtres ogivales s'encadrent de colonnettes et de voussures, et le pignon, avec son toit à double égoût, vient le revêtir d'une corniche gracieuse.

Les masques et les crochets du transept méridional ainsi que les colonnettes à chapiteaux feuillagés du portail et les deux petites fenêtres cintrées qui l'accompagnent, annoncent la même époque.

La nef et les bas-côtés paraissent l'ouvrage de la fin du XVe siècle, ou du commencement du XVIe. Ces fenêtres à compartiments où sont inscrits des cœurs, des mitres, des quatre-feuilles, ces corniches unies, ces contre-forts saillants, ces nervures prismatiques, ces moulures creuses et maigres, ces anses de paniers, ces bouquets de flammes, ces choux frisés sur les rampants du transept septentrional viendraient au besoin confirmer cette date.

INTERIEUR. — A l'intérieur, cette église laisse beaucoup

à désirer aux amateurs de la belle architecture. La nef principale n'est séparée du seul bas-côté qui lui reste que par des colonnes incomplètes; ces chapelles latérales établies sur le plan du sanctuaire, ce chœur emprunté sur la nef, ce jour versé avec trop d'abondance par de larges fenêtres, ne lui donnent pas assurément cette physionomie religieuse et austère qui convient si bien à nos églises. Mais hâtons-nous de dire que, malgré l'exiguité des ressources dont jouit la fabrique, bien des réparations ont été entreprises; d'autres, qui ne sont qu'en projet, se réaliseront sans doute un jour. N'y a-t-il pas là, près de l'église qu'elle affectionne, une famille généreuse, et à qui ses vertus feront une douce obligation de s'occuper de son embellissement, comme de tout ce qui peut enrichir, soulager et améliorer le pays? Une belle et magnifique maison, que nous avions sous les yeux en sortant de l'église, et dans laquelle viennent d'être installées de vertueuses et saintes filles destinées à l'éducation des enfants du peuple en est une garantie. Quand l'œuvre de consolidation pour l'église sera terminée, nous croyons qu'on pourrait s'occuper des fenêtres en y faisant mettre des vitraux de couleur. Ces brillantes verrières sont pour nos églises une des plus riches décorations, et un des enseignements les plus ingénieux et les plus utiles. Elles remplacent avec succès les plus magnifiques tableaux presque toujours déplacés dans nos monuments dont ils brisent malheureusement les lignes architecturales, sans parvenir à donner à l'édifice qu'ils se proposent d'embellir la moindre valeur estétique.

L'abside ou chevet carré offre dans les chapiteaux de ses colonnettes placées à chaque angle et ornées de feuilles rabattues et enroulées, dans le tailloir en biseau, quelque réminiscence de l'ornementation du rond-point de la cathédrale de Soissons. Le côté gauche présente une déviation considérable sur la perpendiculaire. La voûte de ce sanctuaire est très-basse, et traversée par deux tores et un bandeau en dos de carpe au milieu. Cette partie de voûte est la plus ancienne; celle des chapelles latérales ne date que du XVIe siècle. La nef et les bas-côtés n'ont qu'un plafond moderne en plâtre. avec des poutres apparentes, mais sans ornementation.

L'église de Cœuvres est, comme la plupart de celles de nos contrées, dépourvue de tout objet d'art; les tableaux en sont médiocres. Cependant, vous pourrez remarquer dans l'ancienne chapelle seigneuriale, comme l'indique encore le bandeau funèbre ou litre (1), un tableau du Rosaire qui peut avoir quelqu'intérêt historique. Outre les personnages usités dans les compositions de ce genre, on y voit ici une personnification de saint Dominique assez curieuse; c'est la traduction d'un fait rapporté dans sa légende: la vision de sa mère qui vit l'enfant qu'elle portait dans son sein, sous la figure d'un jeune épagneul portant un falot embrasé, présage assuré de ce que ferait saint Dominique pour incendier le monde de son zèle. *Hujus mater gravida sibi visa est in quiete continere in alvo catulum, ore preferentem facem, quâ editus in lucem, orbem terrarum incenderet.* Le donateur, les mains jointes, couvert du long manteau

(1) Le litre est un lé d'étoffe noire sur lequel on pose les écussons des armes des princes et autres personnages, lors de leurs obsèques. C'est aussi le nom que l'on donne à une bande noire en forme de *lé*, peinte sur les murs d'une église, en dehors et en dedans, sur laquelle on peignait autrefois les armes des patrons et des seigneurs après leurs décès. Quelques hellénistes, comme M. l'abbé Congnet, pensent que l'on doit écrire *lite*, du grec LITÉ, *supplication*, et non litre. Les latins veulent, au contraire, qu'on écrive *litre*, de *litura*, parce qu'on noircit la muraille de l'église. Dans cette distinction plus subtile que sérieuse, les premiers veulent rapporter l'origine de cet emblème funèbre au sentiment, au cœur qui a pu le provoquer, tandis que les seconds attribuent sa naissance à l'œuvre extérieure qui lui a imposé en conséquence son propre nom de baptême.

noir et du collet blanc rabattu, se prosterne aux pieds de la sainte Vierge et de l'enfant Jésus. Il serait bon de rechercher quel peut être ce personnage, seigneur ou simple receveur de la terre de Cœuvres.

PIERRES TOMBALES. — INSCRIPTIONS.

En examinant le pavage de l'église, nous y avons reconnu plusieurs pierres tombales de différentes dimensions. Quelques-unes sont très-grandes; elles ont environ 2 m. 50 sur 1 m. 50. Elles contiennent ordinairement plusieurs personnages. La plupart de ces tombes ne portent que des inscriptions frustes ou illisibles. Voici les fragments de légende que nous avons pu recueillir :

Sur une de ces tombes représentant un personnage revêtu d'un petit habit appelé justaucorps, du manteau court et du collet rabattu, l'épée au côté, on lit cette inscription :

« Çy gist, honorable personne .... l'artillerie de France » et recepveur de Cœuvres, qui décéda le 20 novembre » 1604. Priez Dieu pour son âme. »

Sur une autre tombe figurant deux personnages : le mari avec la fraise et le petit manteau, le justaucorps, le col rabattu, les mains jointes, culottes et souliers à bouffes; sa femme, vêtue d'une robe à plis serrés, la camisole au collet rabattu, le frontal sur la tête, les mains jointes et le chapelet pendant, on y déchiffre cette légende incomplète :

« Cy gisent les corps de desfunts Jean Dupré ..... natif » de la ville de Blois, en son vivant consierge du chatel » de Cœuvres. A le dit Dupré en son iune (jeune) » age .... du canon por. le Roy soubs feu Monsr Destrées, » grand maître de l'artillerie, lequel dit Dupré décéda le » 10 janvier. »

Sur une troisième tombe, on lit :

« Cy gist noble homme Jehn de Villers, vidame de

» Soissons, la tour ... en son vivant demoiselle dudit ....
» Soissons demoiselle .... Priez Dieu pour leurs ames.
» *Requiescant in pace.* »

Une quatrième pierre sépulcrale offre une croix avec des branches terminées en fleurs-de-lys, chargée d'une couronne d'épines. On y lit ces mots :

« .... sa fême en leurs vivants laboureur dem[t] à la
» ferme de la .... lequel Desuoirs trepassa le 26 aoust
» 1594 et la dite Marie Lislet le xxe de janvier 1606. Priez
» Dieu pour leurs ames. »

Une autre petite pierre a conservé les caractères suivants :

« Marie en son vivant fême de Leonard Feret, sergent. »

Une cinquième tombe venait d'être déplacée; nous pûmes lire :

« Cy gisent Simon de Luise, Marie Tirlet sa fême, en
» leur vivant laboureur à la ferme de la Louate, paroisse
» de Rully, lequel de Luise ou Luynes trepassa le 26 aout
» 1594 et la dite Marie Tirlet trepassa en 1596. Priez
» Dieu. »

La cloche porte pour inscription :

« L'an 1832, j'ai été bénite par M. C.-F. Clouet, curé;
» j'ai eu pour parrain M. le baron Charles Estaves, maire
» de Cœuvres-et-Valsery, et pour marraine Mme Hyacinthe
» Boutroy. »

En sortant de l'église, notre attention se porta sur le cimetière qui lui est contigu où nous voyions des maçons occupés à placer une pierre tombale provenant de l'abbaye de Valsery. Curieux de connaître le personnage auquel elle avait été autrefois destinée, nous priâmes les ouvriers de la retourner, afin de pouvoir lire l'inscription qui existait encore. Grâce à leur complaisance, nous découvrîmes bientôt que cette dalle avait recouvert la dépouille mortelle de Guiard de Launoy, enterré dans l'église de l'abbaye de Valsery. Nous obtînmes de la bienveillance de M. le baron Estaves que cette pierre serait placée honorablement dans l'église de Cœuvres.

On a découvert à Cœuvres, il y a un an environ, en creusant les fondations d'une maison bourgeoise bâtie en face du portail de l'église, des cercueils en pierre, dans lesquels on a trouvé de petits vases en terre d'un gris-noir, que le propriétaire, M. Hubert, tient à conserver.

ABBAYE DE VALSERY.

De Cœuvres, la Société se rendit à Valsery, ancienne abbaye de Prémontré, située dans un charmant vallon. M. le baron Estaves, membre du Conseil d'arrondissement et propriétaire actuel de ce beau domaine, que son père a su assainir et planter magnifiquement, et que lui saura certainement fertiliser et embellir, reçut la visite qui venait le surprendre dans sa douce solitude avec cette cordiale aménité qui lui est familière. En digne châtelain, il voulut faire lui-même les honneurs de sa maison avec un empressement dont nous devons lui savoir gré.

La Société avait sous les yeux une belle et charmante propriété, des pelouses verdoyantes, des canaux aux gracieux contours, des allées sinueuses, des bosquets touffus, de beaux arbres verts, un parc délicieux et des jardins productifs, des appartements riches et soignés; mais elle n'y a presque rien vu de ce qui atteste une ancienne abbaye. On y remarque bien une façade régulière flanquée d'un pavillon au toit élancé, des constructions en retour d'équerre bâties avec une certaine régularité, telles qu'on les faisait au dernier siècle; mais où est l'église? où sont les cloîtres? le préau des anciens religieux? On nous montra la place où ils furent; mais il n'en est pas resté pierre sur pierre. A peine reconnaît-on, sur les parois des murs, à l'est, les traces des arcades qui mettaient les cloîtres en communication avec une ancienne salle capitulaire qu'on a enfermée dans des constructions plus récentes. C'est là une partie du vieux couvent et la seule qui ait assisté et survécu à toutes ses vicissitudes. Mais il nous faut reprendre les choses de plus haut et faire en peu de mots l'histoire de ce monastère ; rappelons d'abord son origine, ses vicissitudes, son illustration, nous redirons ensuite ce qui nous reste de cette intéressante abbaye :

ORIGINE DE L'ABBAYE DE VALSERY.

Le commencement du XIIe siècle fut, vous le savez, l'époque de nombreuses fondations religieuses, surtout dans notre pays. Deux grandes figures apparaissent alors dans l'église de France : saint Bernard et saint Norbert. L'un réformateur austère d'un ordre dégénéré, et l'autre créateur d'une institution magnifique réclamée par le besoin des temps. Et si, d'un côté, Foigny, Vauclerc, Longpont, attestent à jamais les bienfaits de la réforme monastique coulant à pleins bords des riches coteaux de la Bourgogne dans nos contrées ; de l'autre côté, Saint-Martin de Laon, Cuissy, Thenailles, Bucilly, Braine, Chéry-Chartreuve, Val-Chrétien, Valsecret et Valsery, n'en montrent pas moins combien furent utiles ces essaims de moines apostoliques qui s'échappèrent successivement des profondes solitudes de Prémontré.

Chose remarquable ! et à laquelle on ne fait pas assez attention : Norbert était à peine installé dans son désert que déjà le bruit de sa sainteté, du zèle évangélique de ses enfants, fit désirer de voir le nouvel institut se propager de tous côtés. Bientôt Lisiard de Crespy, jaloux de procurer à son diocèse ce renfort d'ouvriers missionnaires dont on lui vantait avec raison les vertus et les succès apostoliques, se rend à Prémontré sous le prétexte d'y assister à une cérémonie religieuse : mais, dans le fond, pour y voir de près les disciples de Norbert et s'aboucher avec leur saint fondateur. Lisiard était un prélat distingué et instruit. Il réussit à persuader Norbert de fonder une maison dans son diocèse. Norbert, vaincu par les pressantes sollicitations de l'évêque, consentit à lui donner douze religieux, à la tête desquels il mit Henry, son fidèle coadjuteur.

Ce fut vers 1224 ou 1226 (1) que la nouvelle colonie vint s'installer à Viviers, bourg alors assez considérable et situé sur la lisière septentrionale de la forêt de Retz. Les écrivains ont été aussi embarrassés pour assigner le

(1) En effet, les historiens ne sont pas d'accord entre eux sur l'année de cette fondation. Selon les uns, elle a eu lieu en 1121, comme le prouve la charte de donation par laquelle Hugues-le-Blanc, conjointement avec Helvide, son épouse, se dessaisit, entre les mains de Lisiard, et à la prière de Norbert, de plusieurs héritages que ses prédécesseurs avaient usurpés sur l'église de Viviers et les restitue au chapitre et à l'église dudit lieu. D'autres écrivains, ne pouvant accepter une date qui est sinon antérieure au moins contemporaine de la fondation de Prémontré, s'appuyant d'ailleurs sur le titre d'abbé qu'Henry ne porta qu'après le voyage de Norbert à Rome, où les constitutions de l'ordre furent approuvées, sont tentés de reculer cette fondation jusqu'en l'année 1126. Le Plaige, voulant concilier ces deux opinions, propose l'an 1124. Il trouve que cette date est plus rapprochée de celle de l'approbation de l'ordre qu'il fixe aux calendes de juillet 1124, et de l'investiture abbatiale d'Henry, en 1125. D'ailleurs, la désignation de Viviers, après Saint-Martin de Laon, dans la bulle d'Honoré III, du mois de mars 1126, lui semble, avec raison, présupposer son existence. Rien n'empêcherait, en définitive, d'admettre l'acte de donation de 1121 et la prise de possession en 1122 ou en 1124, si l'auteur du duché de Valois, s'autorisant d'un titre que Duchesne a extrait dans son histoire de Châtillon, page 16, portant que sous l'épiscopat de Joslein, les chanoines séculiers qui desservaient les églises de Braine, de La Ferté-Milon, de Pierrefonds, de Viviers, ont été remplacés par des chanoines réguliers, ne venait le contester avec la brutalité d'un chiffre et d'un fait : c'est l'élévation de Joslein sur le siége épiscopal de Soissons en 1122. (Voyez *Gallia Christ.*, t. 9, p. 486. Annales de Prémontré. Carlier, t. 1. p. 417.)

nom du fondateur de la nouvelle abbaye que pour fixer l'année de sa création. Les uns en ont rapporté l'honneur à Jean Leroux, seigneur de St-Pierre-Aigle (1) ; d'autres à un bourgeois de Soissons, nommé Ives, et Helvide (2) son épouse. L'annaliste de Prémontré hésite, bien qu'il laisse percer son désir de reconnaître pour fondateur avoué Hugues-le-Blanc, seigneur de La Ferté-Milon et châtelain de Viviers. Pour nous, nous croyons qu'il faut attribuer toute la gloire de cette fondation au pieux Lisiard qui, après avoir obtenu la restitution de l'église et de ce domaine usurpé, avait voulu en confier la desserte à des chanoines réguliers.

La position de Viviers ne paraît pas sans attrait aux yeux du chroniqueur de l'ordre ; il y exagère à dessein la douceur du climat, la fertilité du sol, l'utilité des sources qui alimentent de vastes étangs, le voisinage de la forêt, avantages, selon lui, qui devaient engager les chanoines à y fixer pour toujours leurs demeures. Mais les moines ne raisonnaient pas de la même manière ; ils préféraient, à toutes ces séductions physiques, le calme de la vie religieuse. Gênés sans doute aussi par le fracas des armes, offusqués par des tours et de hautes murailles qui les assujétissaient à une foule d'incommodités et de désagréments, ils soupiraient après le silence de la solitude, le bonheur d'une retraite exempte des embarras, du tumulte et de la dissipation d'un château-fort où les puissants seigneurs venaient de temps en temps séjourner avec toute leur cour. N'est-ce pas là ce qu'avaient déjà fait leurs frères de Château-Thierry, en se

(1) Cabaret. Mémoires historiques, t. 2.

(2) Rousseau. Hist. manuscrite. Cet historien suppose que ces personnes se sont données, elles et leurs enfants, à saint Norbert, dans la salle de l'évêché, en présence de Lisiard, pour vivre sous sa conduite. Ne serait-ce pas le fait mal interprété de la charte du comte Ives, ratifiant la donation faite par Raoul de Vermandois, qui aurait donné lieu à cette méprise de l'historien soissonnais ?

retirant de l'habitation des princes de Champagne pour aller se cacher dans les landes incultes et marécageuses de Valsecret? (1)

Leur désir ne tarda pas à être exaucé. Dès l'année 1148, c'est-à-dire vingt-deux ans après leur arrivée à Viviers, les chanoines réguliers, grâce aux largesses de Jean Leroux, seigneur de Saint-Pierre-Aigle *de Hela*, se virent en possession d'une maison et d'un bien considérable qu'il avait dans un lieu nommé Valsery (2), à cause de sa situation au milieu d'un vallon où l'on respirait un air pur (3). Cette petite vallée, située entre Saint-Pierre-Aigle et Cœuvres, offrait en effet une situation d'autant plus agréable et commode qu'elle était environnée de bois, d'étangs, arrosée par un ruisseau limpide, et abritée par des collines aux pentes adoucies.

1153. Bien que la donation faite par Jean Leroux aux religieux Prémontrés remontât déjà à l'année 1148, l'abbaye ne fut cependant transférée à Valsery qu'en

(1) Plusieurs auteurs ont assigné d'autres causes à une transmigration aussi subite : les uns ont supposé qu'elle avait été occasionnée par la résistance des religieux de Viviers aux volontés des comtes de Crespy ; les autres l'ont rapporté au différend élevé en 1174, alors que Philippe de Lorraine, comte de Flandres, qui, dans la vue de défendre ses domaines contre l'ennemi, avait élevé, sur l'emplacement de la métairie et des vergers du couvent, une tour qu'il environna de remparts, de manière à en faire une citadelle fortifiée. D'autres, enfin, ont prétendu que les Prémontrés abandonnèrent Viviers afin de céder à une émeute qui avait éclaté contre eux. Ces raisons ne sont d'aucune valeur, et l'historien Carlier les a réfutées, preuves en main. Voyez t. 1, p. 419.

(2) Cabaret prétend que ce furent les religieux qui désignèrent ce val sous le nom de *Vallis serena*, d'où, depuis, par corruption, s'est formé le nom de Valsery qu'il a toujours conservé depuis. Les Prémontrés auraient bien pu, en effet, lui donner ce nom, si déjà il ne l'avait ; puisque c'était pour eux, un séjour de calme après le bruit de la tempête, le repos du désert après l'agitation du siècle, la paix après les troubles de la guerre.

(3) *Gallia Christ.* t. 9, p. 484.

1153; d'autres disent en 1155. Il nous reste une charte de Ives, comte de Soissons, confirmant au monastère de Valsery tous les biens jadis donnés par le comte Raoul de Vermandois à l'ancienne abbaye de Viviers. Après avoir établi que les biens accordés aux serviteurs de Dieu, par la munificence des princes, doivent rester à l'abri de toute perturbation et être possédés en pleine sécurité quand ils auront été placés sous leur sauvegarde, il déclare, au nom de son illustre suzerain, que telle était la volonté du comte Raoul en lui remettant entre les mains les droits de sa tour bâtie sur ses terres ; et que lui, Ives, en la recevant en fief, n'ignorait pas que l'église de Viviers et ses dépendances avaient toujours eu l'usage du bois de chauffage et de constructions, le libre pâturage pour les troupeaux et le droit du mort bois dans la forêt de Retz ; que, désirant conserver les libertés dont jouit l'église, il veut qu'elle soit maintenue dans la possession de tous ses droits. Cette charte, signée par quinze témoins pris parmi la noblesse, le clergé et les serviteurs du prince, fut donnée deux ans après la mort de Raoul.

1154. L'année suivante, le pape Adrien IV approuve cette translation par un diplôme qu'on ne lira pas sans intérêt :

« Le pape Adrien à Etienne, abbé de Valsery, et à ses » frères professant la vie régulière. L'unité de l'autorité » et de la charité fraternelle nous font un devoir, à nous » qui sommes assis sur le siége apostolique, de consentir » aux justes désirs des religieux, et de leur octroyer avec » bonté leurs légitimes demandes. C'est pourquoi, chers » fils dans le seigneur, nous consentons volontiers à vos » justes prières. Nous prenons sous la protection du » bienheureux Pierre et la nôtre, l'église de la bienheu- » reuse mère de Dieu, toujours vierge, à laquelle vous » êtes attachés par de saintes fonctions. Nous confirmons » cette grâce par ce présent privilège, en statuant que

» tous les biens que votre église possède maintenant » en justice et d'après le droit canonique, ou qu'elle » pourrait posséder dans la suite avec la grâce de Dieu, » par les concessions des pontifes, la largesse des rois » ou des princes, les dons des fidèles ou par tout autre » moyen légitime, vous soient garantis intégralement, » à vous et à vos successeurs. »

Le pontife ajoute qu'il a cru devoir donner ici le détail des biens que possède déjà l'abbaye : « Savoir la vallée de » Valsery avec le moulin de Soucy, l'usage du mort bois » tel que l'avait concédé Jean Leroux. L'église de » Viviers, libre de toute imposition, avec ses dépen- » dances ; les deux Viviers ; le moulin de Bechereu et de » Crèvecœur ; les coutumes du pays telles qu'elles exis- » taient précédemment ; les dîmes et le terrage, et le » droit d'affouage. L'église de Sainte-Marie de Javage (1) » avec les moulins et les dépendances. La terre de Pont- » Robert, de Dampleux et d'Oigny, donnée par Pierre pour » ses filles. (2) La terre de St-Agnan, avec le moulin et

(1) D'après les constitutions monastiques arrêtées par saint Norbert, les femmes pouvant les observer aussi bien que les hommes, il se forma plusieurs communautés de personnes du sexe qui demandèrent à faire profession de la nouvelle règle. L'une d'elles vint s'établir à Viviers, sous la direction de l'abbé Henry, qui les plaça dans un corps-de-logis séparé et attenant à l'église. Le nombre des professes étant venu à s'augmenter au point que l'emplacement ne pouvait plus suffire à les contenir, le pieux abbé pria le comte Raoul de lui donner un autre endroit où il pût établir plus commodément cette communauté naissante. Le comte lui accorda toute la terre de Javage, avec la métairie qui existait en cet endroit. C'est ce que prouve une charte de 1148, insérée dans le *Gallia Christiana*. Il y est dit qu'il a cédé à l'abbé, son intime ami, les lieux en question pour servir de retraite aux sœurs déjà établies dans son château de Viviers ; afin que, délivrées du tumulte et des embarras du siècle, elles puissent remplir en paix les devoirs de leur état et mener une vie plus commode. *Gall. Christ.*, t. 10, instr. p. 118.

(2) Nous possédons la charte de Henri, comte de Troyes, pour

» les dépendances. La dîme de ce lieu telle que vous la » possédez des moines de Saint-Denis et de Gui de » Margival. La terre d'Eudes-le-Roux ; la terre de Pig- » melles et ses dépendances ; la terre *Terratorum* ; la » terre du châtel avec ses dépendances ; la terre de » Mathieu de Loistre ; la dîme de Bonneuil et celle que » vous possédez à Benenville. Certainement, ces novales » que vous faites venir de vos propres mains ou à vos » frais, même pour les nourritures des animaux, que » personne ne prétende en exiger la dîme.

» Nous arrêtons aussi qu'aucun religieux ne quitte » l'abbaye sans la permission de l'abbé et du chapitre, et » qu'il n'y soit reçu que sur la présentation de lettres » testimoniales. Nous déclarons aussi la sépulture de ce » lieu libre, afin que personne ne s'oppose à la dévotion » et à la volonté de celui qui aura voulu y être enterré, » à moins qu'il ne soit excommunié ou interdit, sauf » toutefois les droits canoniques des églises d'où ils » viennent.

» Nous décrétons donc qu'il n'est permis à personne » de troubler cette église, d'enlever ses possessions, de

l'amortissement et la ratification de cette donation faite par Pierre d'Oigny, en faveur du couvent de Javage qui a reçu ses filles. Cette pièce est de 1169 ; elle est datée de Château-Thierry. On voit que Pierre d'Oigny donnait à l'église une partie de sa terre, environ sept muids, dans un endroit désigné entre *Fulcherolum* et les champs de Villers, et trois muids de terre que l'abbaye devait cultiver. Le donateur s'engage à fournir la moitié de la semence, à la condition de recevoir, dans un terrain séparé, la moitié de la récolte. Il concède de plus, en aumône à la même église, pour bâtir à *Oisné* une maison, un manoir, un fief et sa clôture, ainsi que les commodités du bois et de tout le quartier appelé *Aisance*, pour l'amour de Dieu. Il accorde à perpétuité et librement la nourriture de tous les animaux, à l'exception des juments qui vont au bois. — L'usage du bois pour tous les besoins de l'abbaye ainsi que de tous les lieux qui en dépendent, à la condition qu'il ne sera pas permis aux religieux de le vendre ni de le donner. Sa femme Hélisende et ses fils donnent leur consentement.

» les retenir après les avoir usurpées, de les amoindrir, » de les fatiguer de quelques vexations que ce soit; mais » que ces possessions soient conservées intactes et entières » pour la nourriture et le soutien de ceux à qui elles » ont été données, pour leur service et leur besoin, » sauf l'autorité du siége apostolique, les droits cano- » niques de l'évêque diocésain.

» Que si quelqu'un, soit ecclésiastique, soit laïque, ose » à l'avenir sciemment et témérairement s'insurger contre « cette page de notre constitution, nous voulons qu'a- » près un second ou un troisième avertissement, à moins » qu'il ne renonce à ses prétentions en donnant une » satisfaction suffisante, il soit privé de ses dignités et » honneurs, et soumis à la vengeance divine. Nous voulons » qu'il sache qu'à cause de son iniquité il est exclu de » la réception du très-saint corps et du sang de Jésus- » Christ, notre Dieu et Seigneur; et qu'il est sous le coup » de la vengeance réservée au jugement dernier. A tous » ceux qui conserveront les droits de ce lieu saint la paix » de Notre Seigneur. Qu'ils goûtent ici bas le fruit de leurs » bonnes actions et qu'ils retrouvent auprès du juge sévère » les récompenses de la paix éternelle! »

Cette charte est signée de plusieurs prêtres et diacres-cardinaux, et de l'évêque d'Ostie.

Cette charte prouve que, dès sa naissance, cette abbaye fut richement dotée par les libéralités des plus grands seigneurs de la contrée. Hugues-le-Blanc, seigneur de La Ferté-Milon, Ives, comte de Soissons, Raoul de Vermandois, Jean Leroux, Eudes, comte de Clastres et Bernard d'Audrival (1), Roger de Fransières, Pierre

(1) Dès 1148, ces deux seigneurs avaient donné tout ce qu'ils possédaient en terre, en eaux et en bois, à saint Aignan. Eudes, comte de Clastres, avait de plus concédé la terre de Pigmelles. Dès l'année 1141, l'évêque Joslein leur avait donné l'autel de saint Aignan, c'est-à-dire les dîmes; et, quatre ans après (1145) il leur avait fait l'abandon d'une montagne dans le même endroit.

d'Oigny, Mathieu de Loistres (1), Drogon (2) châtelain de Pierrefonds, Mathilde, abbesse de Notre-Dame de Soissons (3), Gérard de Compiègne, Pierre de Hela (4) s'étaient montrés généreux à l'envi en faveur du nouvel institut. Le comte de Flandre lui-même, Philippe d'Alsace, repentant sans doute de l'injure qu'il avait faite à l'église de Viviers en violant ses droits, répara son injustice en

(1) Ce bienfaiteur avait fait don de tout le territoire situé entre Javages (Juagas) et Vouties (Wultis).

(2) Drogon avait donné, en 1155, la propriété de Châtet, *Castellum*, et le droit de pâturage à Amblegny.

(3) Cette abbesse avait concédé un marais près de Javage, et l'abbé Gérard la terre de *Canli*.

(4) Pierre de Hela avait confirmé en 1157, en ces termes, la charte de son père : « Comme c'est un devoir de charité de donner des aumônes aux églises, le même sentiment de charité nous avertit aussi de conserver inviolables les biens concédés. C'est pourquoi moi, Ancoul, évêque de Soissons par la grâce de Dieu, je confie à jamais au souvenir de l'écriture, que Pierre de Hela approuve et ratifie ce que son père, Jean Leroux, a concédé au monastère de Valsery, savoir : le lieu (*sedem*, *la demeure*), avec ses dépendances où, depuis, l'abbaye a été fondée ; le vivier, à la condition que si l'élévation de la chaussée qui le ferme cause quelque dommage au moulin du seigneur Pierre, ou à la terre, ou aux prés, l'église lui payera l'indemnité fixée par les experts voisins, ainsi que pour tous ce qui est compris entre ces quatre bornes, savoir : entre le pont de Sessent (St-Denis), et ledit vivier, et le moulin de Soucy, et la terre de Eudes de Clermont. Pierre a encore donné à la même église un essein de terre situé dans le voisinage ; il accorde de plus l'usage du bois mort, et même dans tous ses bois, depuis Mont-Gobert, *è limite Montis Gunberti*, et la vallée de Juvigny *Juvini*, jusqu'au Chaufour, *Callidum furnum*, toutes les branches d'arbres. De plus, il donna à perpétuité, pour l'âme de son fils, trois sols de rente qu'il avait l'habitude de recevoir chaque année des habitants de *Cuise*. C'est du consentement de sa femme Emeline, de ses enfants Pierre, Wibalde, Guy, Henry, Elisende, qu'il fait ces donations, et en présence de plusieurs dignitaires du clergé soissonnais, d'Andefrid, prêtre de *Hela*, Ancoul, chevalier d'Amblegny. Anathème à quiconque osera porter atteinte à toutes ces donations.

assignant une rente annuelle de soixante sols sur son domaine de Crépy.

Les évêques de Soissons avaient, de leur côté, enrichi de faveurs spirituelles la naissante abbaye. Outre le droit de paternité (1) sur le monastère de Javage qui ne cessa que quand cette maison fut réduite en cendres, les chanoines possédaient de plus quatre cures régulières : Les prieurés de Viviers, *Vivaria*, d'Oigny, *Oignacum*, Silly, *Silliacum*, l'ancienne fille de l'église d'Oigny; Dampleu, *Domnus lupus*, autrefois succursale d'Oigny.

Au reste, jamais largesses n'étaient tombées sur une communauté plus digne de les recevoir. La piété de ces hommes de Dieu, la régularité de leurs mœurs, leur zèle apostolique, l'austérité de leur vie en avaient fait plus que des hommes. On s'apercevait facilement qu'ils avaient eu heureusement à leur tête un religieux du premier mérite et d'une vertu consommée. L'abbé Henry, leur premier supérieur, joignait en effet à une rare candeur, à une admirable simplicité d'innocence, le savoir et les ressources d'un habile administrateur. On dit que sa profonde connaissance des mystères les plus obscurs,

(1) L'histoire ecclésiastique fournit un grand nombre d'exemples de communautés religieuses affiliées et soumises à une abbaye ou à un prieuré considérable d'où elles tirent leur origine. Cette dépendance, plus nominale que réelle, s'appelait filiation; mais on ne voit pas dans l'histoire quels rapports ou quels droits immédiats et nécessaires ont engendrés cette procréation ou paternité spirituelle. Quant au prieuré de Viviers, il y a ici une chose remarquable, et peut-être très-rare dans les archives monastiques : c'est de voir une abbaye donner naissance à une nouvelle communauté à laquelle elle devient soumise peu de temps après avoir été le principe de son existence. C'est ce qui arriva entre les communautés de Valsery et de Viviers. Ces deux maisons paraissent avoir subsisté jusque sous le règne de saint Louis, époque où se fit, selon Muldrac, la translation du chef de sainte Clotilde à Valsery. On ne laissa à Viviers qu'un petit nombre de religieux pour desservir l'église. Dès lors Viviers ne fut plus qu'un simple prieuré.

la manière nette dont il en parlait, surtout sa grande réputation de sainteté, n'avaient pas peu contribué à provoquer ces généreuses donations.

Les XIIe et XIIIe siècles furent donc, pour le couvent de Valsery, une époque de splendeur; et l'abbé Etienne, homme remarquable par sa piété et sa profonde doctrine, avait la consolation en mourant (1167), de laisser *cette nouvelle plantation* dans les conditions les plus heureuses. Durant cette longue période de bonheur, l'âge d'or pour les établissements monastiques, cette plantation s'accrut et se développa avec une étonnante facilité. Bientôt on vit s'élever, dans ces gorges étroites et solitaires, et sur le versant de ces collines oubliées, de belles constructions ogivales. La grande architecture catholique venait d'y terminer la grande église, cette dernière expression et la plus haute des sentiments religieux d'un peuple. Jacques de Bazoches, en consacrant solennellement cet édifice, en présence de saint Louis, de Blanche, sa pieuse mère, des évêques et des grands de la cour, allait renouveler la magnifique cérémonie qui venait d'avoir lieu à Longpont.

RUINES ET DÉSASTRES DE VALSERY.

Mais, dans la vie des sociétés comme dans la vie de l'homme, la fortune a ses temps d'arrêt. A la prospérité enivrante succèdent souvent les calamités les plus tristes. Cette remarque, qui nous échappe ordinairement quand nous étudions à distance l'histoire des vicissitudes d'un peuple, nous frappe bien plus vivement quand nous en trouvons dans l'histoire particulière des exemples plus rapprochés de nous. C'est ce qui arrive ici :

1356. Un peu après le milieu du XIVe siècle, les Anglais et les soldats de Navarre s'étant mis à parcourir le nord de la France, y causèrent des maux excessifs sur leur route. Les ennemis, dans leurs courses, s'attaquaient principalement aux monastères, dans l'opinion que chaque maison religieuse, renfermant des trésors précieux, leur offrirait une proie facile. Cet espoir venait-il à être trompé, ils s'emparaient des religieux et les soumettaient à la torture dans la vue de leur arracher un aveu compromettant. Quand leur cupidité n'était pas satisfaite, ils s'en vengeaient par le pillage et l'incendie.

C'est ainsi que l'armée du roi Edouard, à son retour de Reims, tomba sur l'abbaye de Valsery. Les religieux, prévenus à temps de cette désastreuse visite, avaient pu mettre en sûreté leurs personnes et leurs meilleurs effets dans le château de Viviers. Furieux d'avoir été déçus dans leur attente, les soldats, après avoir saccagé la maison, mis en fuite les religieux et renversé les murs, finirent par mettre le feu aux bâtiments.

Depuis plus de cinquante ans, les étrangers ruinaient la France. Aujourd'hui, c'étaient les dissensions de ses propres enfants qui lui déchiraient le sein. Les Bourguignons, résolus de défendre à outrance la ville de Soissons contre le roi Charles VI qui s'avançait de Compiègne, songèrent à augmenter les provisions de la place. Ils envoyèrent, à cet effet, des détachements dans l'intérieur du Valois. L'un d'eux alla se présenter à l'improviste devant l'abbaye de Valsery. Le chef de la troupe somma les religieux effrayés de lui remettre tous les vivres et les effets de leur couvent; puis, sans leur laisser l'embarras de la besogne, il les fit enfermer dans un lieu sûr, sous bonne garde, et donna ordre aux soldats de faire eux-mêmes toutes les perquisitions nécessaires. Mais ces recherches minutieuses et vexatoires n'ayant amené aucun résultat, un terrible soupçon traversa l'esprit de cette bande aveugle. On s'imagina que les religieux avaient caché, par précaution, les vivres et les objets précieux qu'on espérait trouver. On tira alors les moines de leur prison en leur enjoignant, sous peine de la vie, de découvrir où ils avaient enfoui leurs richesses. Quelles richesses pouvaient posséder de pauvres religieux dont le monastère avait été ruiné de fond en comble dans le siècle dernier? Aussi, les maraudeurs ne pouvant tirer aucun aveu conforme à leurs coupables espérances, s'en vengèrent-ils en maltraitant les moines de toutes les façons, brisant les membres aux uns, mutilant les autres. Leur sauvage cruauté ne s'arrêta pas à ces excès : « Ils firent expirer sous leurs coups quelques malheureux » serviteurs qu'ils supposaient avoir eu part à l'enlève- » ment du mobilier. » Après cette lâche exécution, on vit ces défenseurs d'une cause injuste et perdue par tous les méfaits, « s'éloigner en emportant le peu de » butin qu'ils avaient fait tant à l'abbaye de Valsery que » dans les lieux circonvoisins. (1) »

Un abîme invoque un autre abîme, dit la sainte écriture; et un malheur marche rarement seul, dit le proverbe. L'abbaye commençait à peine à se relever de ses ruines (2) lorsqu'arriva la catastrophe de 1567. « Les » religieux de Valsery, dit Carlier, moins prudents » que ceux de Bourg-Fontaine, se laissèrent surprendre. » Quelques-uns furent assommés; on fit mourir les » autres en les suspendant la tête en bas; on enferma » le reste dans une cabane couverte de chaume, à » laquelle on mit le feu; de manière que ces infortunés » furent brûlés vifs, comme des criminels coupables des » derniers forfaits. »

Ils avaient, non loin de leur abbaye, un homme qui

(1) Hist. du Valois, t. 2, p. 424.

(2) La restauration complète des bâtiments venait d'être terminée, et l'abbé Bonnard, après en avoir achevé les réparations, avait obtenu d'Henri II (1556) la confirmation des privilèges de son monastère. (Blanchard, p. 1051. Carlier, t. 2, p. 623.

aurait pu les protéger efficacement. Cet homme puissant c'était Jean d'Estrées, seigneur de Cœuvres, grand-maître de l'artillerie. Mais ce gentilhomme picard avait renoncé au catholicisme romain pour se faire, comme on disait alors, *huguenot*. Il était naturel qu'il se montrât l'ennemi de l'église et de ses institutions. Aussi, on ne soupçonna pas seulement Jean d'avoir vu avec plaisir le ravage des terres de l'abbaye, le pillage et la destruction du monastère; mais on l'accusa d'avoir laissé mettre à mort les religieux qui s'étaient retirés dans les carrières voisines avec les ornements, les reliques et les vases sacrés. C'est même une tradition, ajoute Cabaret, qu'il fit mettre le feu lui-même à l'abbaye pour en divertir les principaux officiers de l'armée calviniste un jour qu'il les régalait en son château de Cœuvres. Il est certain, au moins, que des appartements du château et au milieu d'une table somptueusement servie, on pouvait contempler en riant cette scène lugubre qui dévorait les habitations du monastère et se donner, comme Néron, le barbare plaisir d'une cité en feu. Il ne manquait plus au tableau que s'accompagner de la lyre et d'y chanter les malheurs de Troyes. Mais à quoi bon chanter, puisqu'on y riait d'un rire sardonique et impie...

Dans tous les cas, c'était une bien triste inauguration pour le château de Cœuvres bâti il y avait deux ans à peine, et une triste prise de possession. Ne soyons donc pas surpris de voir à son tour l'édifice de ce seigneur, assis dans ses ruines, pleurant les jours de sa grandeur passée. N'avait-il pas à expier, lui aussi, la coupable conduite de Jean d'Estrées, son maître, et les criminelles faiblesses de sa petite-fille la duchesse de Beaufort?

Le pillage avait duré trois jours et l'abbaye n'était plus qu'un monceau de cendres. Ce ne fut qu'en 1585, sous Louis de Lametz, que recommença la réédification totale du couvent. 1643. M. de Lorry, son successeur, poursuivit l'ouvrage commencé. On lui doit plus particulièrement le rétablissement des fermes, le grand corps-de-logis et la clôture des murailles. « Mais on fut redevable aux » épargnes et à la vigilance de M. de Mainevillette, de la » reconstruction et de l'ornementation des cloîtres, de » l'abbatiale et de l'église, à l'exception du sanctuaire » qui avait échappé aux flammes. Les prieurs achevèrent » et ornèrent tous les ouvrages commencés. M. Dureau, » prieur en 1730, fit élever le grand bâtiment servant aux » religieux; et M. Cabaret, prieur en 1764, acheva et » perfectionna l'appartement des prieurs, sous-prieurs, » et la bibliothèque, en sorte qu'il fallut plus de deux » siècles pour rétablir ce que les flammes avaient dévoré » en un quart d'heure. » (1)

Là ne devaient pas se borner les désastres de la malheureuse abbaye. Depuis 92, cette maison a vu disparaître successivement son église, ses cloîtres et un pavillon qui terminait la façade du nord. Il ne reste plus aujourd'hui que les habitations des religieux, à l'est, et les appartements des prieurs. On voit combien il serait difficile, avec ces constructions, de recomposer aujourd'hui l'abbaye du XIIe siècle. Il n'existe plus, du monastère primitif, qu'une salle voûtée dont nous avons déjà dit un mot.

ANCIENNE SALLE CAPITULAIRE.

Cette pièce, comme celle de Saint-Médard, qui a été mutilée, de Saint-Léger de Soissons, qui est complète, de Prémontré, qui bientôt n'existera plus, forme un parallélogramme rectangle de 14 mètres carrés, partagé en trois nefs ou compartiments. Deux colonnes centrales supportent les voûtes à ogives dont les nervures, arrondies

(1) Cabaret, t. 2, p. 401. Cette maison était bien moins nombreuse depuis qu'elle avait été mise en commande.

en dos de carpes ou creusées d'une moulure, viennent retomber sur des culs-de-lampe très-développés. Ces colonnes, dont les bases sont engagées dans le sol, ont perdu, par cet enfouissement, la proportion qui en fait la beauté; leur fût est svelte et même grêle comme au réfectoire de Saint-Jean-des-Vignes. Les chapiteaux offrent un tailloir carré très-épais, creusé d'une cymaise d'un caractère très-prononcé. Sur la corbeille du chapiteau s'enroulent des feuilles grasses de différentes formes, imitant des langues unies ou déchirées de nervures semées de perles. Tout semblerait annoncer que les chapiteaux sont d'une époque antérieure à la reconstruction des voûtes.

Les culs-de-lampe ont tous le galbe du chapiteau très-allongé et figurent des pendentifs saillants d'un développement extraordinaire. Les ornements y sont cependant d'une grande simplicité : ce sont des feuilles enroulées, séparées par des cordons unis qui descendent en s'effaçant pour se terminer par une rosace ou un fleuron.

L'usage auquel a été employé ce bâtiment qui, depuis longtemps, sert de pressoir, ne lui a pas été aussi funeste qu'on aurait pu le craindre. Sauf quelques entailles qui ont endommagé les nervures et les chapiteaux, et dont quelques-uns, compris dans des pleins de murs, ont disparu entièrement lors des constructions du dernier siècle, on n'aurait presque rien à regretter. Les voûtes sont les parties les moins compromises; elles n'ont rien perdu, surtout les nervures, de leur vivacité et de leur forme; ces doubles tores, séparés par une partie creuse et se confondant à leur point de jonction dans une petite rosace, ont conservé un grand caractère de légèreté, et l'on peut dire que cet ensemble d'arcs qui sillonnent la voûte en se croisant dans les grandes arcades produit un bon effet. Rien de plus riche et de plus simple que ces voûtes. Il nous semble que si l'on devait faire un jour une chapelle dans le château, comme on en a le projet, la place serait toute trouvée, bien choisie. Rien ne conviendrait mieux que cette ancienne salle capitulaire appliquée à cet usage. Mais il faudrait, pour cela, arracher les plantations qui l'ombragent à l'ouest, déterrer les murs que l'humidité de la terre pénètre, ouvrir les arcades du cloître et placer des verrières dans ses grandes arches pratiquées à l'est. A ces conditions, on aura une délicieuse chapelle que l'air, la lumière et la chaleur viendront assainir et rendre habitable. On rendra au château un aspect qu'il a perdu, et, loin de nuire à sa physionomie pittoresque, on ne fera que le dégager de ces massifs dont on s'est plu, depuis cinquante ans, à orner ou à deshonorer, c'est au choix, la plupart de nos belles habitations. Car, après tout, si la régularité dans les constructions et dans les jardins est un défaut, c'est un défaut qui a bien ses avantages et ses beautés.

En quittant cette salle dans laquelle on pénètre aujourd'hui par une vaste pièce à voûte plate en anse de panier, d'un travail assez hardi, nous remarquions, sur la façade d'un bâtiment à l'est, un écusson sculpté sur pierre et enclavé dans le mur, figurant les armes de l'abbaye. Elles sont d'azur à une fleur-de-lys d'or à dextre et une rose à sénestre tigée et feuillée de même. Du côté opposé à la basse-cour on aperçoit, dans un massif d'arbres verts, une petite construction qui ne manque pas d'élégance. Au-dessus du rez-de-chaussée règne une frise chargée de trigliphes et de métopes; une corniche, ornée d'un double rang de modillons carrés, sert d'entablement. Il n'est pas jusqu'aux fenêtres qui n'aient reçu de nombreuses moulures qu'encadrent des pilastres cannelés. Une gracieuse tourelle comme suspendue au bâtiment, à l'un des angles de la maçonnerie dont elle emprunte les motifs d'ornementation, complète agréablement cette construction. A l'intérieur, il n'y a de remarquable qu'une cheminée dont le chambranle repose sur des colonnes surmontées d'un dressoir simulé à cinq arcades décorées de médaillons à sujets et de croissants entrelacés. Des colonnettes géminées supportent une archivolte ornée de perles, d'oves et de denticulations. Des figures d'angelots occupent l'espace laissé vide entre l'entrecolonnement et les arcatures cintrées. Cette habitation porte encore le nom de procure; elle servait de logement à l'intendant ecclésiastique ou économe chargé de l'administration temporelle du couvent.

MONUMENTS, INSCRIPTIONS ET RELIQUES.

Il y avait autrefois, dans l'église du monastère, quelques monuments tumulaires; plusieurs d'entre eux furent détruits dans les guerres ou tellement altérés par le temps, qu'on n'a pu sauver qu'un certain nombre d'inscriptions. Voici celles qui sont parvenues jusqu'à nous :

On voyait, dans le sanctuaire, la pierre tombale de Béatrix, fille du seigneur Raoul; cette jeune femme y était représentée avec cette légende : (1)

« *Hic iacet corpus Beatrix, filia domni Radulfi*
» *suessionensis et Joannæ d'Angest.* »

Il paraîtrait que Jeanne d'Hangest y fut elle-même inhumée, mais la date de 1378 ne paraît pas acceptable, il faudrait celle de 1278 :

« Cy gist défunte, noble dame Jeanne d'Haugest, jadis

(1) D'après les annales de Prémontré, Béatrix aurait été fille de Raoul, vicomte de Cœuvres, marié d'abord à la reine de Chypre, Agnès; puis à Jeanne d'Hangest, dont il aurait eu beaucoup d'enfants. L'histoire ne donne à Raoul, l'époux de Jeanne, qu'une seule fille, du nom d'Iolande, mariée à Bernard V, de Moreuil. Il faudrait supposer qu'elle serait morte dans un âge très-peu avancé et que les historiens ne se seront pas occupés d'elle.

» femme de noble homme, Raoul de Soissons, seigneur » de Mareuil et de Cœuvres, qui trépassa le 29e jour de » janvier 1378. Priez pour l'âme d'elle. »

On y voyait aussi la tombe de Catherine de Valois, fille de Charles de Valois, marié, en 1290, à Marguerite de Sicile :

» *Hic jacet Catharina Valesia junior, filia Caroli à* » *Francia comitis Valesia et Marguarete à Sicilia.* »

Nous avons dit qu'en passant à Cœuvres nous avions prié M. le baron Estaves de conserver une pierre tumulaire qui provenait de Valsery et qui porte :

« Cy gist Guiard de Lavnoy, escviers, fils de jadis » Monseigneur de Juvincourt, chevalier, et de Madame » Marie de Maucreux, qui trépassa l'an de grâce » M.CCLXXXXVIII (1298). »

Les religieux avaient élevé, dans le collatéral gauche de l'église, un monument à un de leurs abbés, Athiote Bonnard, mort dans une grande vieillesse en 1587. Ils y avaient mis ce quatrain :

« Sous ce tombeau poudreux sont reposant les os
» D'un qui fut soixante ans profès en ce saint lieu,
» Fut abbé, puis prieur, dévôt à servir Dieu.
» Prions donc qu'il lui soit donné un éternel repos. »

« Cy gist Guillaume de Bruiettes, qui a son temps fu » regis.....res de la Courtal, archidiacre de Soissons » dedans s. Fiacre qui trespassa l'an M.CCCXXV, veille » s. Laurent était amy de céans.... qu'en bon repos soit » l'âme. »

Les reliques étaient souvent le plus riche trésor des communautés religieuses. L'abbaye de Valsery ne paraît pas en avoir possédé un grand nombre, mais elles sont d'une valeur incontestable : ce sont 1° La tête et les bras de sainte Clotilde, reine de France, patronne de l'église de

Viviers, qui lui avait été originairement consacrée (1). 2° Le bras de saint Barthélemy, apôtre. 3° Une partie du cilice de saint Thomas, archevêque de Cantorbery.

Nous allons donner, en finissant, la liste des abbés, et dire un mot des religieux qui se sont rendus célèbres par leurs vertus ou leurs talents :

CATALOGUE DES ABBÉS DE VALSERY.

1124. Henri, disciple de saint Norbert.
1153. Etienne.
1167. Dodon. Cet abbé est retranché dans le *Gallia*.
1169. Herbert I.
1189. Thierri d'Oigny.
1200. Robert.
1214. Eustache de Lens.
1220. Herbert II.
1233. Gillebert.
1239. Vermond.
1240. Hockembald ou Harembald.
1255. Drogon.
1274. Robert II, de Cœuvres.
1206. Robert III, de Faverolles.
1311. Thierry de Micy, *de Minciaco*.

(1) Les reliques de sainte Clotilde furent levées de terre et transférées hors de Paris à cause de la crainte des Normands, vers le milieu du IXe siècle (845), et déposées dans l'église du château de Viviers. Les clercs qui accompagnaient la châsse furent logés dans ce château. La crainte des Normands une fois dissipée, on réclama le précieux dépôt ; mais le chapitre, fondé à cette occasion, d'accord avec le seigneur, crut avoir le droit de refuser cette demande. Cependant on en vint à un accommodement fraternel. On partagea les reliques. Les clercs de Viviers conservèrent le chef et le bras de la sainte, et le reste de ses ossements fut remis aux députés pour être déposé dans l'église de Paris, d'où ils avaient été transférés en même temps que les reliques de sainte Geneviève à Marisy.

1356. Jean du Parvis, *de Parvo.*
1414. Gobert, de Laon.
1421. Jean II, de Marle, *de Marla.*
1469. Jean III, *Ledru.*
1489. Jean IV, Gaudechaux, prieur d'Oigny.
1494. Guillaume I, *Tachet.*
1505. Guillaume II, *Cordier.*
1507. Nicolas de *Maucrois.*
1543. Athiote *Bonnard.*
1558. Jean V, *Bonnard.*
1559. Guillaume III, *Marie.*
1577. Gabriel *Cimerel.*
1585. Louis de Lametz.
1643. Honoré Gouflier, fils de Renaud, seigneur d'Espagny.
1653. Denis de *Lorry.*
1672. Claude d'*Hannivel de Mainevillette.*
1715. Joseph Languet de Gergy, évêque de Soissons.
1731. Charles-François Lefèvre de Laubrière.
1738. François de Fitz-James.
1764. Henri-Claude de Bourdeilles.
1778. De Montalon, conseiller au Parlement.

RELIGIEUX CÉLÈBRES.

L'abbaye de Valsery a produit beaucoup d'hommes distingués. Le premier est Henry, né dans le pays de Reims, élevé à Saint-Thierry et célèbre disciple de saint Norbert. Formé à l'école de ce grand maître, il avait puisé comme à la source cet esprit apostolique, le germe de ces belles qualités qui ont fait de lui un religieux illustre par ses talents administratifs, par ses grandes vertus et par des actions surnaturelles qu'on met au rang des miracles. Ce qui prouve bien mieux que tous les éloges sa valeur personnelle, c'est le choix qu'en fit l'ordre de Prémontré, en l'envoyant à Rome, en 1145, pour y complimenter en son nom le pape Eugène III, sur sa promotion au souverain pontificat. L'année suivante, il accompagna le seigneur Hugues au plaid de Vezelai pour le rachat de la Terre-Sainte. On croit que, nouveau conducteur du peuple de Dieu, après avoir longtemps soupiré comme Moïse après le repos de la Terre-Promise, il n'eut pas la joie d'y entrer. Dieu l'avait rappelé à lui avant que la translation de Viviers à Valsery fût accomplie. Ce saint personnage avait toujours regardé en effet Viviers, pour sa communauté, comme une vie de trouble, et un lieu de tentation, et Valsery comme le repos des fatigues du monde et la sainte patrie. Dussausoy a inséré dans son martyrologe gallican, au 30 août, cet homme surtout recommandable par son amour pour les pauvres.

Eustache de Lens composa, au commencement du XIIIe siècle, divers ouvrages de piété qui sont restés manuscrits, entre autres : une cosmographie de Moïse en trois livres; un dictionnaire de la Bible; un commentaire de la règle de saint Augustin; un traité des Mystères; un livre des figures de la Bible; un opuscule sur le canon de la Messe; un recueil de lettres sur divers sujets moraux; un commentaire sur les hymnes de l'ordre de Prémontré; un traité inachevé sur le mystère de la Sainte-Trinité. On dit que la plus grande partie de ses ouvrages fut incendiée, par l'armée calviniste, en 1567. C'est une perte très-regrettable assurément; car qui de nous ne serait intéressé aujourd'hui de connaître, comme archéologue par exemple, le livre des figures de la Bible? comme liturgiste, l'explication du canon de la Messe, le commentaire sur les hymnes de Prémontré? comme théologien, ses lettres, ses traités des mystères? comme géologue, géographe, sa cosmographie? Enfin, on voit que les hommes du XIIIe siècle n'étaient pas seulement des moines abrutis par des devoirs ennuyeux, comme on l'a tant de fois répété, mais des encyclopédistes embrassant, à la manière de Vincent de Beauvais, tous les règnes de la nature, toutes les sciences connues, toutes les théories acceptables et rationnelles au point de vue de la foi.

Les abbés ne sont pas les seules personnes qui se soient immortalisées dans cette maison par leurs ouvrages; nous avons, dans un rang inférieur de la hiérarchie, d'autres écrivains qui ont laissé une brillante réputation derrière eux. Nous pouvons citer, parmi ces derniers, Charles Droinet, prieur, profès de cette maison, qui publia, en 1675, un catéchisme intitulé : *Morale chrétienne sur le symbole des Apôtres*; le prieur Dureau, savant théologien et prédicateur distingué. On regrette qu'une indisposition continuelle l'ait empêché de continuer son ministère et de mettre au jour les magnifiques sermons qu'il avait prêchés (1736), avec applaudissements, tant dans la capitale que dans les autres villes du royaume. On ajoute qu'il avait professé, dans sa jeunesse, avec tant d'éclat et de distinction la philosophie et la théologie, dans les premières maisons de son ordre, qu'il mérita d'être nommé prieur de Valsery à l'âge de vingt-sept ans, et ce choix était fait par M. Lucas, général et annaliste de l'ordre.

Thomas de Tilly, chanoine profès de cette maison, après y avoir aussi enseigné avec distinction la philosophie et la théologie, fit paraître : 1° Une théologie latine qu'il dédia à l'Empereur en 1740. On dit que cet ouvrage eut un très-grand succès en Allemagne. 2° Une dissertation théologique, en français, *sur le faux du Lutheranisme et du Calvinisme*. Cette publication lui fit beaucoup d'honneur par les nombreuses conversions qu'elle opéra tant dans le Soissonnais que dans l'Amiénois. Louis XV, pour récompenser l'auteur de cet ouvrage, lui donna l'abbaye d'Abbécourt en 1760, à la recommandation de M. de Lamotte, évêque d'Amiens, auquel il avait rendu les plus grands services, et secondé le zèle par ses travaux apostoliques. Mais, au-dessus de toutes ces illustrations, il en est une qui plane, comme celle de l'aigle, de toute la puissance de son vol : c'est celle d'un écrivain qui est en quelque sorte devenu classique, et dont vous avez souvent admiré l'imagination brillante, l'élégance et la pureté du style, et, par-dessus tout, la lecture attachante; c'est l'abbé de Vertot. Beaucoup d'entre nous peuvent ignorer que Réné de Vertot, qui avait fait profession, à l'âge de seize ans, dans l'ordre des Capucins, le quitta bientôt pour entrer dans celui de Prémontré. Le jeune aspirant, destiné plus tard à une grande célébrité littéraire, avait choisi pour résidence l'abbaye de Valsery, où il fit profession sous M. de Mainevillette, dernier abbé régulier. C'est dans cette solitude, et peut-être dans une des chambres qui existent encore, qu'il composa ses principaux ouvrages, c'est-à-dire l'*histoire des Révolutions de Suède et de Portugal*, *les Révolutions romaines*, ouvrages immortels, et qui vivront, comme Racine et Boileau, autant que la langue française dont ils feront l'éternel honneur, et, pour nous, le sujet d'une incessante admiration.

Me sera-t-il permis, après toutes ces célébrités littéraires, d'évoquer le souvenir d'un autre abbé, à la mémoire duquel s'est attachée, dans les archives de l'ordre, une sorte de célébrité ridicule, il est vrai, mais qui a aussi son espèce d'immortalité; ce personnage s'appelait de Mainevillette. C'était, d'après les chroniqueurs, un homme recommandable sous plusieurs rapports, et un religieux d'une régularité exemplaire, qui avait été plusieurs fois revêtu de la dignité de vicaire-général de l'Ordre; et qui, en sa qualité d'abbé, avait su maintenir et faire respecter la sainte discipline.

Mais, dans ce religieux, doué de qualités si précieuses et ami des saintes règles, il est à regretter, dit l'annaliste Lucas, qu'au lieu d'avoir laissé à la reconnaissance de la postérité le soin de sa gloire, il ait eu la faiblesse de s'occuper lui-même de sa propre réputation en faisant élever, au milieu du sanctuaire, un mausolée orgueilleux *(superbientis)*. Ces paroles de blâme, sorties de la plume de l'écrivain de Prémontré, font allusion à un fait assez original, et trop important pour que nous puissions le passer sous silence.

On dit que M. de Sillery, évêque de Soissons, désirant augmenter sa manse épiscopale, qui ne valait alors que 10,000 à 11,000 livres, poursuivit, de l'agrément du Roi, la réunion de la manse abbatiale de Valsery à l'évêché. L'abbé de Mainevillette, séduit par la promesse qu'on lui fit de l'évêché de Laon, aurait prêté les mains à ce projet. (1) Mais le consentement de l'abbé seul ne suffisait pas pour satisfaire au décret de réunion, il fallait celui des religieux profès, et tous le refusèrent à l'unanimité (2).

Malgré l'opposition de ses religieux, l'abbé de Mainevillette n'avait pas moins traité de son abbaye avec M. de Sillery, moyennant une pension de 10,000 livres et la jouissance de l'abbatiale située à La Ferté-Milon (3). Mais

(1) On affirme ce fait d'après une lettre du père de la Chaise, confesseur du Roi insérée aux archives de Valsery. Cabaret, t. 2, p. 401.

(2) Il paraît que cette opposition des religieux subsista jusqu'en 1778, en sorte que les évêques de Soissons ne purent en prendre possession canonique ni jouir des revenus que par arrêt du Conseil. M. de Bourdeilles ayant reçu du Roi l'abbaye de Saint-Jean, remit celle-ci entre les mains de Sa Majesté, qui la donna en commande à M. de Montalon, conseiller au Parlement.

(3) Cette abbatiale est ce qu'on appelle aujourd'hui la Forte-Maison, située au nord de La Ferté-Milon, sur la paroisse Saint-Nicolas. Ce château fut bâti, en 1563, par Renaud de la Beaume,

il ne fut pas longtemps sans s'en repentir. Frustré de l'évêché promis, et réduit à une pension peu honorable, il en conçut un tel chagrin qu'il se retira en son château de La Ferté-Milon, dont il avait fait une maison de plaisance aussi agréable que commode. On rapporte que, pour se venger des religieux qui ne voulaient plus le reconnaître en qualité d'abbé, et pour perpétuer la mémoire de sa dignité méconnue, il fit construire un mausolée des plus somptueux, qu'il fit placer au milieu du sanctuaire de l'église de Valsery. « L'abbé de Mainevillette » y était, ajoute le chroniqueur, représenté au naturel, » en habits pontificaux et entouré de quatre anges pleu- » rant sa démission et son regret. Mais les religieux, » peu sensibles à leurs larmes, ne les imitèrent point; » et, pour ne pas laisser à la postérité un monument de » la plus sotte vanité, ainsi que s'en explique le chroni- » queur de cet ordre, ils le firent enlever en 1771. »

Dévoré d'ennui et de chagrin, l'abbé de Mainevillette mourut, à La Ferté-Milon, en 1773. Il paraît cependant qu'en présence du trépas qui détruit tant de choses, et même les susceptibilités religieuses, les moines se montrèrent plus traitables, et qu'il fut inhumé sous ce riche mausolée qu'on dit avoir coûté 16,000 livres.

Ce tombeau a disparu ainsi que les anges qui l'accompagnaient. Il paraît que c'était un très-beau travail de sculpture, mais qui avait beaucoup souffert. Les mains avaient été enlevées, ainsi que le bas de la crosse; les anges, qui rappelaient la manière de Boucher, avaient aussi été fort mutilés. Nous avons été assez heureux de pouvoir nous procurer un dessin de cette statue trois fois proscrite dans l'espace d'un siècle. Ce dessin représente l'abbé de Mainevillette, revêtu de ses habits

évêque de Mende. Il fut échangé, dans la suite, par Monsieur, frère du Roi, avec les religieux de Valsery. Il faisait partie de la manse abbatiale.

pontificaux. Malheureusement, nous n'avons pu faire reproduire les quatre anges, aussi en marbre blanc, qui étaient placés aux angles du mausolée. Puisque les arts n'ont pas craint d'éterniser la ridicule vanité de ce pauvre moine en nous laissant une production qui n'était pas d'ailleurs sans mérite, pourquoi hésiterions-nous à conserver, même d'une façon incomplète, un souvenir historique qui intéresse un de nos établissements religieux importants?

En voyant disparaître ce dernier abbé régulier, en qui allait finir cette longue chaîne de titulaires revêtus de la même dignité, depuis plusieurs siècles, le célèbre annaliste de Prémontré se prenait encore à espérer que, de ses cendres, renaîtrait un héritier légitime qui viendrait recueillir le patrimoine de Norbert. Hélas! comme il s'abusait. Ces héritiers sans titre qui devaient jouir à l'avenir de ce noble héritage, ce n'étaient pas seulement, comme il le pensait, les abbés commendataires, mais bien la Révolution de 89, et, avec elle, le Vandalisme ignorant et impie qui détruit les monuments et anéantit jusqu'aux souvenirs les plus sacrés.

Lors de 93, l'abbaye de Valsery (1) eut le sort de tant d'autres établissements religieux. Vendue comme bien de la nation, elle tomba entre les mains d'acquéreurs avides qui s'empressèrent de démolir. L'église et les cloîtres furent jetés bas; les dépouilles du couvent, celles dont la conservation pouvait être compromettante ou dont on ne pouvait tirer qu'un mince avantage, comme

(1) On m'a assuré que l'abbaye de Valsery avait servi de prison d'Etat au comte d'Egmont Pignatelli, seigneur de Braine. Je n'ai rien qui me prouve ce fait. Mais, si cette détention a eu lieu, ce ne peut être qu'après 93 et avant son départ pour l'exil où il mourut; et, dans tous les cas, il n'aurait pu être confié aux religieux qui étaient supprimés, mais à des gardiens laïcs et salariés par le gouvernement ombrageux et despotique de cette sanglante et terrible époque.

les autels, le lutrin, les boiseries, furent donnés à vil prix et allèrent chercher un asile plus sûr dans les églises du voisinage. Déjà les richesses du culte, les calices, les croix d'argent, les reliquaires dorés, les châsses, étaient passés par le creuset de la monnaie. Il est à regretter que M. Estaves ne soit devenu le propriétaire de Valsery qu'en 1804, et après que cette maison était déjà passée en plusieurs mains qui, toutes, avaient détruit successivement quelques parties du couvent; nos pertes seraient sans doute moins considérables, et l'œil de l'archéologue pourrait se reposer sur quelques fragments des âges passés. Mais, rien n'est stable sous le soleil; il faut donc savoir prendre son parti au milieu de ces destructions incessantes; d'autant plus qu'ici les changements survenus sous le point de vue matériel n'ont pas été sans quelques compensations. Car, au lieu d'une habitation assez triste, enfermée de murs, au lieu d'un sol marécageux couvert d'eaux stagnantes, nous voyons aujourd'hui des prairies émaillées de fleurs, des cours d'eau magnifiques, des arbres verts d'une rare beauté, des promenades délicieuses, en un mot, une demeure des plus attrayantes, des plus calmes et des plus sereines. C'est donc toujours le *Vallis serena* d'autrefois; et dans la maison seigneuriale, les mêmes vertus hospitalières et bienfaisantes, moins la rigueur et l'austérité du cloître dont on respire pourtant, sans s'en douter, quelque chose de ce parfum antique qui, jadis, a embaumé cette solitude, et dont il est resté, malgré les tempêtes horribles du dernier siècle, comme une exhalaison pénétrante et mystérieuse.

Quò semel est imbuta recens servabit odorem
Testa diù.

FIN.

www.ingramcontent.com/pod-product-compliance
Ingram Content Group UK Ltd.
Pitfield, Milton Keynes, MK11 3LW, UK
UKHW022143190726
13855UKWH00003B/1304